불끈불끈 마음의 힘 사전

초판 1쇄 발행 2024년 1월 25일

지은이 류윤환 | **그린이** 김잔디

펴낸곳 도서출판 그린북 | **펴낸이** 윤상열
기획편집 최은영 김민정 | **디자인** 맥코웰 | **마케팅** 윤선미 | **경영관리** 김미홍
출판등록 1996년 1월 4일(제10-1086호) | **주소** 서울 마포구 방울내로11길 23 두영빌딩 302호
전화 02-323-8030~1 | **팩스** 02-323-8797 | **이메일** gbook01@naver.com | **블로그** greenbook.kr
ISBN 978-89-5588-461-6 73710

ⓒ 류윤환, 김잔디 2024

이 책의 전부 또는 일부를 이용하려면 저작권자와 그린북의 서면 동의를 받아야 합니다.

어린이제품안전특별법에 의한 표시
품명 어린이 도서 **제조국** 대한민국 **사용연령** 7세 이상 **주의사항** 책 모서리에 다치지 않도록 주의하세요.

불끈불끈
마음의 힘 사전

어린이들이 갖춰야 할 25가지 마음의 능력

류윤환 글 | 김잔디 그림

그린북

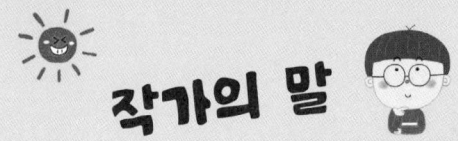

작가의 말

친구들, 안녕하세요! 만나서 반가워요. 선생님은 초등학교에서 아이들을 가르치고 있는 류윤환 선생님이에요.

오늘 선생님은 여러분들에게 '마음의 힘'에 대해 말하고 싶어요.

여러분은 마음에도 힘이 있다는 사실을 알고 있나요?

마음의 힘이란, 우리 마음을 이루고 있는 여러 가지 힘들을 말해요. 몸이 여러 근육들로 이루어져 있듯이, 마음도 마음을 지켜 주는 힘들이 있어요.

눈에 보이지 않지만 우리 마음을 튼튼하게 지켜 주는 힘들이에요.

마음의 힘이 강할 때는 기쁘고 행복해요. 반대로 마음의 힘이 약해지면 지치고 슬프기도 해요.

하지만 괜찮아요. 운동을 해서 몸에 힘을 키우듯이, 마음의 힘도 연습을 하면 키울 수 있어요.

선생님이 초등학교 교실에서 여러 친구들을 만나다 보면,

마음의 힘이 부족해서 친구 관계를 잘 맺지 못하거나, 마음의 힘이 약해서 쉽게 소심해지는 친구들을 보게 돼요.

반대로 씩씩한 마음의 힘을 갖추어서 즐겁게 학교생활을 하고, 어려운 일도 멋지게 해내는 친구들도 봤습니다.
여러분에게는 어떤 마음의 힘이 필요한가요?

선생님이 초등학생 친구들에게 꼭 필요하다고 생각하는 마음의 힘을 준비했어요.
어린이들이 갖춰야 할 25가지 마음의 힘을 소개합니다.
책을 읽고 배우고 실천해 보면서 마음이 씩씩하고 건강한 여러분이 되기를 응원합니다!

2023년 12월

개구쟁이 반 아이들을 바라보며 류윤환

차례

작가의 말 · 2

step 1 준비 운동

자신감 · 8
호기심 · 14
순발력 · 20
책임감 · 26
끈기력 · 32

step 2 가볍게 스트레칭

분별력 · 40
결단력 · 46
리더십 · 52
추진력 · 58
주의력 · 64

step 3 마음의 근육 키우기

    긍정 · 72
    사고력 · 78
    창의력 · 84
    융통성 · 90
    지구력 · 96

step 4 고강도 마음 운동

    집중력 · 104
    노력 · 110
    최선 · 116
    정직 · 122
    용기 · 128

step 5 숨 고르기

    공감 · 136
    사회성 · 142
    상상력 · 148
    도전 · 154
    자존감 · 160

step 1
준비 운동

자신감 • 호기심 • 순발력 • 책임감 • 끈기력

Step1 준비 운동 ❶
스스로 잘할 수 있다고 믿는 힘 자신감

> 활용1 "넌 할 수 있어! 자신감을 가져!"
> 활용2 자신감은 얼굴 표정에서 알 수 있어.

내가 선택한 결정이 틀릴 수도 있지만
그럼에도 나의 선택을 믿는 힘.

어려운 문제를 만나도
충분히 해낼 수 있다고 생각하는 힘.

누군가 나에게 "넌 못 해."라고 말해도
'난 할 수 있어.'라고 용기 내는 것.

사람들과 이야기를 나눌 때
여유롭고 당당한 태도로 이야기하는 것.

너 자신을 믿어 줘

누구나 자신감 있는 사람이 되고 싶어 해요.
하지만 많은 사람들이 누군가 나에게
자신감을 일으켜 주길 바라죠.
다른 사람이 나를 응원해 주면 그 순간 불끈 힘이 솟아서
마치 자신감이 넘치는 것 같거든요.

그런데 자신감은 다른 사람이 만들어 주는 게 아니라
내가 스스로 만들어야 하는 힘이에요.

내가 나를 믿어 줄 때 자신감이 생겨요.
그러니 여러분 스스로에게 말해 주세요.
"할 수 있어."
"괜찮아. 난 내 자신을 믿어."

자신감이라는 힘은 스스로 만들 수 있어요.
자신감이 있어서 자신 있게 행동하는 것이 아니라,
자신 있게 행동하다 보면 자신감이 생겨요.

그러니 어깨를 펴고, 힘찬 목소리로 말해 보는 거예요.
자신감이 넘쳐 나는 사람처럼 말이죠.

🌸 이럴 때 필요해! 자신감을 발휘해야 하는 상황

- 나보다 나이가 많은 사람과 대화할 때.

- 처음 가 보는 낯선 곳을 갔을 때.

- 어려운 시험 문제를 풀 때.

🌸 자신감을 키우는 3가지 활동

1. 거울을 보며 활짝 웃는다. 미소 짓기가 힘들다면 기분 좋은 상상을 하며 연습한다. 처음에는 어색하지만 하면 할수록 점점 자연스러워진다.

2. 친구와 이야기를 할 때 눈을 보고 말한다. 눈을 계속 쳐다보기가 힘들다면, 눈과 눈 사이인 미간을 쳐다본다. 시선을 피해 다른 곳을 보는 것은 자신감 없는 행동이다.

3. 올바른 자세로 생활한다. 어깨를 펴고 걷고, 의자에 반듯하게 앉는다. 몸이 반듯해야 마음도 반듯해진다.

Step1 준비 운동 ❷

궁금한 것을 알고 싶어 하는 힘 **호기심**

활용1 그 이야기를 들으니 **호기심**이 생겼어.
활용2 **호기심**이 가득한 눈빛을 숨길 수가 없어.

새로운 것을 두려워하지 않고 좋아하는 힘.
'이건 뭐지? 한번 해 볼까?'

처음 마주치는 것을 어려워하지 않고
신기하다고 생각하고 관심을 갖는 힘.

모르는 것을 알고 싶어 하는 마음.
'갑자기 사라진 친구가 어디를 갔는지 무척 궁금해.'

확실하지 않은 것을
정확하게 확인하고 싶은 마음.

무엇이 궁금하니?

처음 학교에 온 1학년 아이들은 궁금한 게 참 많아요.
우리 반 교실은 몇 층일까?
내 짝은 누구일까?
선생님은 어떻게 생겼을까? 키가 클까?
남자일까? 여자일까?
교실 문을 열고 들어가면 몇 명이 있을까?
오늘 학교 끝나고 집에 가면 엄마가
어떤 간식을 해 놓으셨을까?

학교를 오래 다닌 6학년도 궁금한 게 많아요.
저 친구가 나를 좋아할까?
이렇게 하면 더 예뻐 보일까?
공부를 잘하는 저 친구의 비결은 뭘까?

아빠가 어린이날에 어떤 선물을 사 주실까?
처음 보는 저 음식은 어떤 맛일까?

호기심은 여러분의 삶을 더 즐겁고
풍요롭게 만들어 줘요.
호기심이 많은 여러분이 되길 응원합니다.

지금 여러분은 무엇이 궁금한가요?

🌸 호기심과 관련된 이야기

"나는 특별한 재능이 없다. 열렬한 호기심이 있을 뿐이다."

인류 역사에 위대한 과학자로 이름을 남긴 알베르트 아인슈타인은 자신이 놀라운 발견을 할 수 있었던 것은 호기심 덕분이었다고 말합니다. 아인슈타인은 호기심을 행동으로 옮겨서 수많은 업적을 이뤄 냈지요.

반대로 행동으로 옮겨서 아쉬운 호기심도 있습니다. 바로 '판도라의 상자'입니다. 그리스 로마 신화에 나오는 이야기랍니다. 신들의 우두머리였던 제우스는 이름이 판도라인 여자에게 작은 상자를 건네줍니다. 절대 열어 보지 말라는 말과 함께요. 무척이나 궁금했던 판도라는 결국 그 상자를 열었고, 상자를 열자 미움, 다툼, 시기, 질투, 복수, 슬픔 등의 재앙이 인간 세상에 쏟아져 나왔습니다. 쓸데없는 호기심을 지칭할 때, '판도라의 상자'라고 표현합니다.

사람들은 왜 호기심을 참기 어려워할까요? 열어 보지 말라고 하는 상자를 연 판도라처럼 사람들은 호기심이 생기면 참기가 어렵습니다. 모르는 것을 알려고 하고, 궁금한 것은 꼭 해결하고 싶어 해요. 그 같은 배경에는 이유가 있습니다. 사람들은 불확실한 것보다는 확실한 것을 좋아한다고 합니다. 그래서 손해를 보더라도 확실한 것을 선택하려고 한다고 해요.

여러분은 요즘 어떤 호기심을 갖고 있나요?

Step1 준비 운동 ③

빠르게 판단하고 결정하는 힘 # 순발력

 급한 상황에서 **순발력** 있게 행동해야 해.

 골키퍼는 **순발력**이 생명이야.

친구가 위험에 빠졌다는 것을
빠르게 알아차리고 도와주는 힘.

날아오는 축구공에 머리를 맞을 것 같은
친구를 위해 빠르게 손을 뻗어 지켜 주는 것.

나에게 무례하게 말하는 사람에게 화를 내기보다
어떻게 하면 재치 있게 말할 수 있을지 순간 생각해 내는 힘.

순식간에 지나가는 도움의 손길을 그냥 지나치지 않고
곧바로 감사함을 표현하는 것.

누구나 자신만의 속도가 있어

순발력이 빠른 친구는 무엇이든 빨리 척척 해내곤 해요.
순발력이 빠른 친구는 달리기도 빨라요.
순발력이 빠른 친구는 공도 잘 던져요.
순발력이 빠른 친구는 '선착순 1명'이라는 말에
가장 빨리 달려가요.
순발력이 빠른 친구는 어려운 결정도 잘 내려요.

하지만 남의 시선을 의식하지 않고
환경과 상황에 흔들리지 않고
묵묵히 자신의 속도로
살아가는 친구들이 있어요.

다른 사람과 비교한 속도는 중요하지 않아요.
비교는 나 자신과 하는 거예요.
자신만의 속도가 있거든요.
빠른 순발력을 원한다면 이전의 나에 비해
빨라지면 되는 거예요.

누구나 자신만의 순발력이 있으니
느려도 걱정하지 말아요.

🌸 **순발력 테스트 (문제를 읽고 1분 안에 자신의 생각을 적기)**

1. 여러 명의 친구들이 한 명의 친구를 괴롭히는 것을 봤을 때, 어떻게 도움을 주면 좋을까요?

2. 학교 화장실에서 대변을 봤는데 휴지가 없다면? 어떻게 위기를 넘길 것인가요?

3. 학교 앞에서 파는 떡볶이가 갑자기 먹고 싶은데 돈이 없네요. 떡볶이를 먹을 수 있는 방법 3가지를 적어 보세요.

Step1 준비 운동 ❹

맡은 일을 소중히 여기고 끝까지 하는 힘 # 책임감

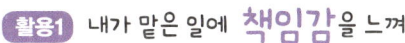

활용1 내가 맡은 일에 **책임감**을 느껴.

활용2 약속한 일을 **책임감**을 가지고 끝까지 했구나.

친구의 비밀을 말하지 않고
끝까지 지켜 주는 것.

패배가 예상되는 경기에서도
최선을 다해 열심히 뛰는 것.

약속한 것을 잊지 않고 지키는 것.

약속을 지키지 못했다면
지키지 못한 대가를 치르는 것.

지금 바로 시작해 봐

책임감을 가지고 해야 하는 일들은 어떤 일들일까요?
즐거운 일일까요? 하기 싫은 일일까요?
가벼운 일일까요? 무거운 일일까요?
하기 쉬운 일일까요? 하기 어려운 일일까요?

책임감이 필요한 일들은
대부분 하기 싫고, 무겁고, 어려운 일들이에요.
하지만 꼭 해야 하는 일들이지요.

'책임감을 가지고 이 일을 완벽하게 해내야지.'라고
생각하면 시작조차 하지 못할 수가 있어요.

'나중에 꼭 해야지. 지금은 다른 것부터 해야지.'라고
생각하면 나중엔 잊어버리고 못 하게 될 수 있어요.

그러니 가벼운 것부터, 할 수 있는 것부터 시작해 봐요.
그리고 지금 바로 시작해 보는 거예요.
그럼 책임감이라는 힘을 기를 수 있어요.

🌸 책임감과 관련된 이야기

　찬드라세카르는 1983년에 노벨상을 수상한 유능한 과학자입니다. 그가 젊은 시절, 미국 시카고 대학교에서 연락이 왔습니다. 겨울 방학 때 강의를 해 줄 수 있는지 말이죠. 제안을 수락한 찬드라세카르에게 문제가 생겼습니다. 강의를 신청한 학생이 2명밖에 되지 않았던 거예요. 보통 대학교 강의는 적게는 수십 명, 많게는 수백 명이 듣는데 말이죠. 2명이지만 찬드라세카르는 강의를 하기로 하였습니다.

　그런데 더 큰 문제가 생겼습니다. 강의를 하러 대학교에 가야 하는데 폭설이 내린 거예요. 찬드라세카르는 눈길을 뚫고 수백 킬로미터를 뚫고 가야 했지요.

여러분이 찬드라세카르라면 어떻게 할 건가요?

찬드라세카르는 책임감을 가지고 직접 운전해 가서 강의를 했습니다. 모두가 헛수고한다고 여겼습니다. 그런데 헛수고가 아니었습니다. 왜냐하면 찬드라세카르가 가르친 리정다오와 양첸닝이라는 두 중국인 학생이 훗날 중국인 최초로 노벨상을 수상했거든요.

책임감이 가져다준 결과물이겠죠?

Step1 준비 운동 ⑤ 끈기력
쉽게 포기하지 않고 오래 버티는 힘

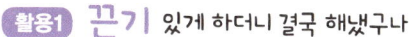

여러 번 말해 줘도 계속 잊어버리는 동생에게
처음부터 차근차근 다시 말해 주는 힘.

자전거를 배우다가 계속 넘어져도
오뚝이처럼 일어나서 다시 도전하는 것.

농구 골대에 공이 들어가지 않아도
굴러간 공을 주워 와서 또 던져 보는 것.

목표한 일이 끝날 때까지 자리를 지키는 것.

목표를 이루는 힘, 끈기

'작심삼일'이라는 말이 있어요.
마음먹은 것이 3일을 가지 못한다는 말이에요.

열심히 운동해서 다이어트에 성공할 거야!
오늘부터 하루에 3시간씩 책을 읽을 거야!
매일 수학 문제지를 5장씩 풀 거야!

이런 다짐들은
실제로는 3일도 못 가는 경우가 많아요.
끈기가 부족한 거죠.

끈기에 들어가는 '끈'이라는 글자가 사용되는 단어에는
끈질기다, 끈끈하다, 끈적하다, 끈덕지다… 등이 있어요.
이런 단어들은 끝까지 붙어 있는 집요한 느낌을 주지 않나요?

작심백일

아무리 실력이 좋아도 끈기가 없으면
목표를 이루기 어려워요.
반대로, 실력이 부족해도 끈기 있게 끝까지 하면
목표를 이루는 경우가 많아요.

지금 힘들어서 포기하고 싶다면
목표 지점까지 거의 다 도착했다는 뜻이에요.
끈기를 조금만 발휘하면 돼요.
힘들어도 조금만 더 끈기를 가져 보세요.

🌸 이럴 때 필요해! 끈기력을 발휘해야 하는 상황

- 힘들어서 그만두고 싶을 때.

- 이 정도면 충분히 했다고 느껴질 때.

- 할 만큼 했으니 쉬고 싶다는 생각이 들 때.

🌸 끈기력을 키우는 방법 4단계

1. 처음 목표를 정했을 때 목표를 종이에 적어 놓는다. 그림을 그리거나 사진을 찍어도 좋다.

2. 잘 보이는 곳에 목표를 붙인다.

3. 힘들어서 그만두고 싶을 때마다 처음 다짐한 목표를 보고 마음을 다잡는다.

4. 포기하지 않고 끈기 있게 해낸 나에게 꼭 칭찬해 주고 스스로에게 선물을 한다.

step 2

가볍게
스트레칭

분별력 · 결단력 · 리더십 · 추진력 · 주의력

Step2 가볍게 스트레칭 ❻

옳은 것과 옳지 않은 것을 구별할 수 있는 힘 # 분별력

`활용1` 게임에 깊이 빠지면 현실과 게임 속 세상을 **분별**하지 못해.

`활용2` **분별력**이 없으면 무엇이 올바른 것인지 알지 못해.

친구를 험담하는 말이 들려올 때
맞장구치지 않고 한발 물러서는 것.

보이스 피싱 전화를 받았을 때
들리는 말을 곧이곧대로 믿지 않고 생각하는 힘.

진짜 아름다운 가치가 무엇인지 고민하는 과정.

어른의 말이라고 무조건 옳다고 여기지 않고
더 좋은 방법이 없을까 고민해 보는 것.

편견을 버리고 한발 떨어져서 생각하기

누구나 분별을 잘하고 싶어 해요.
올바른 것을 선택하고
잘못된 것을 멀리하고 싶어 하지요.

하지만 막상 상황이 발생하면
우리는 분별력을 잃고 평소에 생각했던 대로
판단하게 돼요.
당연히 그럴 것이라는 생각이
잘못된 판단을 하게 만드는 것이지요.

전쟁을 막은 소련 군인의 분별력 이야기를 같이 읽어 볼까요?

1983년 9월 26일 밤, 소련의 핵 관제 센터에 경보가 울렸습니다. 미국이 소련을 향해 5개의 핵미사일을 발사했다는 경보였습니다. 미국과 소련은 전쟁 중이었고, 3주 전에는 미국인이 타고 있던 비행기를 소련 전투기가 격추시킨 일이 있었습니다. 미국이 미사일을 발사하는 것은 충분히 있을 수 있는 상황이었습니다. 핵미사일이 날아오고 있으니 소련은 즉각적인 대응을 해야 하는 상황이었습니다.
그런데 당시 근무 중이던 소련 장교 스타니슬라프 페트로프는 즉각적인 핵 보복을 하지 않고, 경보기가 오류일 수 있다고 의심했습니다. 왜냐하면 미국이 공격을 했다면 적어도 수천 개의 미사일을 쐈을 텐데, 5개는 매우 적은 수라고 생각했기 때문입니다. 나중에 원인을 알게 되었는데, 햇빛을 미사일로 인식하지 않도록 막아 주는 기계가 고장 나는 바람에 경보가 울렸던 것입니다. 2006년 유엔은 페트로프에게 인류를 핵전쟁에서 구한 공로로 '세계 시민의 상'을 수여했습니다.

올바른 분별력이 큰 전쟁을 막았습니다.
이렇게 큰일이 아니더라도 분별력은
우리의 삶을 올바르게 이끌어 줍니다.
여러분도 급박한 상황을 마주하게 되면
페트로프 이야기를 떠올리며 분별력을 발휘하길 바랍니다.

🌱 이럴 때 필요해! 분별력을 발휘해야 하는 상황

- 친구가 다른 친구를 험담할 때, 친구의 말이 사실인지 잘못 알고 하는 말인지 분별하기.

- 낯선 사람이 도움을 요청할 때, 진짜 도움이 필요한 상황인지 나를 속이려는 속셈인지 분별하기.

- 몸이 평소와 다르다고 느껴질 때, 피곤해서 몸이 잠깐 힘든 것인지 몸에 문제가 생겨서 아픈 것인지 분별하기.

🌱 분별을 잘하기 위한 노하우!

1. '내가 직접 본 것인가?', '내가 직접 겪은 것인가?' 스스로에게 질문을 던지고 생각해 본다.

2. 이전에도 비슷한 상황이 반복된 적은 없는지 떠올려 본다.

3. 내가 선택할 수 있는 경우의 수를 생각해 보고, 내가 선택을 했을 때 일어날 결과도 짐작해 본다.

Step2 가볍게 스트레칭 ⑦

어떻게 할 것인지 마음을 정하는 힘 **결단력**

활용1 이제 결단을 내려야 할 시간이 다가왔다.

활용2 결단력 있는 행동 덕분에 모두 무사히 구조되었어.

어떤 선택을 해야 할지 잘 모르겠지만
정신 차리고 집중해서 결정을 내리는 것.

시험공부를 열심히 하겠다고 마음먹고
곧바로 책상에 앉는 것.

선택하지 않은 쪽이 아쉽고 미련이 남더라도
선택한 것에 만족하며 후회하지 않는 것.

아무거나 선택하지 않고
선택을 했을 때 선택한 이유가 있어야 하는 것.

'친구가 색연필을 다 썼다고 했으니까
생일 선물로 색연필을 사 줘야지.'

삶은 선택의 연속

어묵을 먹을지, 튀김을 먹을지
버스를 탈지, 택시를 탈지
학원에 갈지, 친구 생일 파티에 갈지
엄마에게 말씀드릴지, 아빠에게 말씀드릴지
동생과 나눠 먹을지, 혼자 먹을지….

우리는 많은 것을 결정해야 해요.
아마 평생 결정을 해야 할걸요?

고학년이 되고 중학생이 되고 어른이 되어 가면서
점점 큰 결정을 하게 되지요.

그래서 연습이 필요해요.
처음부터 큰 결정을 하긴 어려우니까요.

그런데 어떤 선택에도 정답은 없어요.
여러분이 선택한 것을 정답이라고 믿고
살아가는 거지요.
혹시 이번에 한 선택이 아쉽다면
다음번에 잘하면 되는 거고요.
선택해야 할 순간은 수없이 많으니까요.

여러분의 선택을
응원합니다.

🌸 결단력을 키우는 3가지 방법

1. **결단을 내리는 데 사용할 시간을 정한다.**
   충분히 고민하는 것도 중요하지만 고민만 하다 보면 너무 많은 시간이 낭비될 수 있어요. 결국 결정도 못 한 채 말이죠. '30분만 고민하겠어.' '이번 주말까지 결정을 내려야지.'처럼 시간을 정해 놓으면 결단력이 높아질 거예요.

2. **다른 사람의 조언을 듣는다.**
   혼자만 고민하다 보면 결단을 못 내릴 때가 많아요. 똑같은 생각만 반복하게 되지요. 이럴 때 부모님이나 선생님에게 조언을 구해 보세요. 혹시 누군가에게 털어놓기 어려운 고민이라면, 비슷한 고민을 했던 사례를 검색해 보거나 책을 찾아봐도 좋아요.

3. **결단을 했다면 최대한 빠르게 실천한다.**
   실천이 늦어지면 생각이 많아지게 되고, 내가 결단한 게 맞을까 의심하게 돼요. 그러니 결단을 했다면 내가 한 결단을 믿고 행동으로 옮기세요.

Step2 가볍게 스트레칭 ⑧

여러 사람을 이끌어 가는 힘 리더십

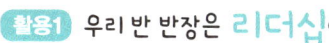 우리 반 반장은 **리더십**이 있어.
 지도자는 강한 **리더십**을 갖춰야 해.

나를 믿고 따라오는 사람들을
실망시키지 않는 것.

모르면 모른다는 것을 인정하고
부족한 점은 부족하다는 것을 받아들이는 것.

여러 사람에게 이해하기 쉽게 설명하고
행동할 수 있도록 도와주는 힘.

단체 줄넘기를 할 때 자주 실수하는 친구가 있다면
앞장서서 박자를 세 주는 행동.
"하나, 둘, 점프! 하나, 둘, 점프!"

앞장서는 사람, 리더

반장이 되었다고 우쭐대는 친구가 있습니다.
얄밉게 말이죠.
"이거 해." "저거 해." 시키기만 합니다.
자신은 하지 않으면서요.
리더십을 잘못 이해했기 때문입니다.

리더는 지시하고 명령하는 사람이 아닙니다.
리더는 먼저 모범을 보이고 앞장서는 사람입니다.
뒤에서 명령만 하고 편하게 쉬는 자리가 아닙니다.

이순신 장군의 리더십을 살펴볼까요?
엄청난 수의 일본군이 쳐들어오는 상황 속에서
모두가 겁을 먹고 있습니다.
어차피 진 전쟁이라고 생각했겠죠.

이순신 장군은 부하들에게 말합니다.
"죽고자 하면 살 것이고, 살고자 하면 죽을 것이다."
이순신 장군이 못난 리더였다면 말만 그럴 듯하게 하고
부하들에게 목숨을 걸고 싸우라고 했을 거예요.
그런데 이순신 장군은 직접 죽을 각오로
전쟁에 나가셨습니다.
실제 이순신 장군이 탄 배가 홀로 앞장서서
싸우기도 했습니다.

리더십을 발휘하고 싶다면
여러분이 먼저 앞장서세요.

이럴 때 필요해! 리더십을 발휘해야 하는 상황

- **국가 재난 상황이 발생했을 때**
  지진, 홍수, 태풍 등 여러 사람이 피해를 입게 되는 재난 상황에서는 리더십이 정말 중요해요. 대통령, 도지사, 시장, 경찰서장 등 리더의 자리에 있는 사람들이 올바른 결정을 신속하게 내려 줘야 하거든요. 그러지 않으면 큰 피해로 이어질 수 있어요.

- **경기에서 심판에게 항의를 할 때**
  운동 경기를 하는 선수들이 심판에게 달려가 항의하는 모습을 본 적이 있나요? 억울한 판정에 불만이 생겼을 거예요. 그렇다고 모두가 달려들어서 항의를 하면 퇴장을 당할 수 있어요. 이럴 때는 리더인 주장이 대표로 가서 항의를 해야 합니다. 또박또박 논리적으로 말하는 솜씨가 필요하겠죠?

학급에서 리더십을 발휘하려면

1. 힘찬 목소리로 말한다. 큰 소리로 소리 지르는 것이 아니라, 힘 있고 자신 있는 목소리로 말한다.

2. 주변 친구들이 무엇이 필요한지 고민한다. 친구들에게 필요한 도움이 무엇인지 알게 되면 리더십을 발휘하기가 쉬워진다.

3. 학생들의 리더인 선생님 말씀을 잘 듣는다. 반장은 학급 친구들의 리더이지만, 선생님이라는 리더를 따라야 하는 학급의 학생이기도 하다. 선생님의 리더십을 보고 배워서 적용한다.

Step2 가볍게 스트레칭 ⑨

목표를 이루기 위해 힘차게 실천하는 힘 추진력

활용1 정부의 강력한 **추진력** 덕분에 우리 경제가 되살아났다.

활용2 일을 빨리 해결하는 걸 보면 **추진력**이 뛰어난 게 분명해.

생각만 하지 않고
행동으로 옮겨 실천하는 능력.

환경을 탓하지 않고
목표를 향해 도전하는 정신.

반장 선거에 당선되자마자
선거 공약을 실천하는 것.

못 하는 이유를 찾기보다
해낼 수 있는 방법을 찾는 것.

관성처럼

관성이라는 단어가 있습니다.
한자로는 익숙한 성질이라는 뜻입니다.
정지해 있으면 계속 정지해 있으려고 하고,
움직이고 있으면 계속 움직이려고 한다는
성질을 말합니다.

사람에게는 매우 부지런하고 싶은 마음과
매우 게을러지고 싶은 마음이 함께 있다고 합니다.

내가 부지런함을 선택하면 계속 부지런해지고
게으름을 선택하면 신기하게도 계속 게을러지게 됩니다.
익숙한 것을 선택하려고 하기 때문에
지레 겁먹고 시작하지 않으면 계속 시작할 수 없습니다.

그래서 로켓이 발사되는 것처럼
추진력을 발휘해야 합니다.

어려운 일, 힘든 일을 만났다면
불가능한 이유를 찾기보다
할 수 있는 방법을 고민해 보세요.

일을 추진하면 그다음 일은
관성처럼 저절로 추진됩니다.

🌱 추진력과 관련된 이야기

'현대'라는 회사를 만들어 지금의 대기업으로 키워 낸 정주영 회장이 있습니다. 집안이 가난하여 소학교(지금의 초등학교)를 간신히 졸업한 정주영은 서울에 올라와 막노동과 쌀 배달을 하며 일을 시작했습니다. 무엇이든 열심히 하면 된다는 생각과 일단 해 보자라는 추진력을 지닌 정주영은 결국 쌀가게 주인에게 인정을 받고 쌀가게를 물려받습니다.

여러 가지 일을 닥치는 대로 하다가 1953년에는 이런 일도 있었습니다. 정주영은 주한 미군으로부터 미국 대통령의 방문이 예정되어 있으니 부산에 있는 유엔군 묘지에 푸른 잔디를 깔아 달라는 부탁을 받게 됩니다.

당시 계절은 추운 겨울이었습니다. 한겨울에 푸른 잔디가 있을 리 만무했지요. 다들 불가능한 일이라며 거절하라고 했습니다. 그런데 정주영은 골똘히 생각해 아이디어를 냈고 낙동강 근처에 있는 겨울 보리를 떼다가 묘지에 심었습니다. 겨울 보리가 마치 푸른 잔디처럼 보이거든요.

모두가 불가능하다고 생각할 때, 불가능을 가능으로 만들 방법을 찾은 정주영 회장이야말로 추진력 대왕이 아닐까요?

Step2 가볍게 스트레칭 ⑩

세심하게 집중해서 한 가지 일에 마음을 모으는 힘 **주의력**

 주의력이 느슨해져서 이런 일이 벌어졌어.

 행동이 산만한 아이들에게 주의력 결핍 증후군이 있어.

반대편에서 걸어오는 사람과
부딪힐 것을 미리 알고 대비하는 것.

자주 실수하는 일을 할 때
실수하는 지점에서 특별히 더 신경 쓰는 것.

특별히 지켜야 하는 것을
마음에 새겨 두는 것.

아이가 처음 그네를 탈 때 떨어질 수도 있으니
아빠가 뒤에서 잡아 주려고 집중해서 기다리는 것.

주의력이 필요해

요즘 '주의력 결핍'이라는 단어가 많이 들립니다.
더 익숙한 단어로는 ADHD라고 합니다.

아이들이 산만하다는 말도 많이 들립니다.
텔레비전 프로그램 중에 주의력이 부족한 아이들을
관찰하고 전문가가 도움을 주는 프로그램이
큰 인기를 끌고 있습니다.
그만큼 주의력이 부족하다는 것이지요.

태어날 때부터 주의력이 부족할 수도 있겠지요.
약을 먹어서 도움을 받아야 하는 경우도 있겠고요.
그러나 자신이 노력으로 극복해야 하는 부분도 있습니다.
밥을 먹을 때는 식탁에 앉아 밥을 먹고,
규칙적인 시간에 눕고 일어나고

바나나와 완두콩 같은 집중력에 도움이 되는
음식을 먹는 것처럼요.

여러분에게 부족한 주의력은 무엇인가요?
어떤 노력을 하면 좋을까요?
여러분의 다짐을 적어 봅시다.

학교에서

1.
2.

집에서

1.
2.

주의력 테스트

나는 몇 가지에 해당되는지 확인해 보세요.

- ○ 멍하니 딴생각을 자주 한다.
- ○ 일이나 공부를 순서대로 하지 못한다.
- ○ 다른 사람의 이야기를 안 듣는 것처럼 보인다.
- ○ 소지품을 자주 잃어버린다.
- ○ 세세한 부분을 놓쳐서 실수가 많다.
- ○ 행동을 시작하는 데 많은 시간이 걸린다.
- ○ 숙제를 한 번에 끝내지 못한다.
- ○ 조용히 활동하지 못하고 소란스럽다.
- ○ 금방 들은 것도 쉽게 잊어버린다.
- ○ 질문이 끝나기 전에 불쑥 대답한다.
- ○ 다른 사람의 활동을 방해하고 간섭한다.
- ○ 기분 변화가 심하다.
- ○ 지나치게 수다스럽다.
- ○ 쉽게 흥분해서 화를 잘 내거나 쉽게 운다.
- ○ 한자리에 오래 앉아 있지 못하고 계속 움직인다.
- ○ 생각을 많이 해야 하는 활동을 싫어한다.
- ○ 한 가지 활동을 계속하지 못하고 금방 다른 것을 찾는다.
- ○ 놀이나 게임의 규칙을 따르지 않고 마음대로 하려고 한다.

0~4개 : 높은 수준의 주의력
5~9개 : 평균적인 수준의 주의력
10~14개 : 조금 부족한 수준의 주의력
15~18개 : 상담이 필요한 수준의 주의력

step 3

마음의 근육 키우기

긍정 • 사고력 • 창의력 • 융통성 • 지구력

Step3 마음의 근육 키우기 ⑪

맞다고 인정하거나 좋은 쪽으로 생각하는 힘 **긍정**

활용1 **긍정**적으로 생각해 주면 좋겠어.
활용2 이 책이 많은 어린이들에게 **긍적**적인 영향을 미쳤다.

아쉽게 1등을 놓쳤다고 자책하기보다
멋지게 2등 했다고 축하하는 것.

물이 절반 정도 담긴 물병을 보고
절반이나 남았다고 희망을 품는 것.

내가 잘못한 것을 친구가 지적할 때
마음이 불편하지만 맞는 말이면 인정하는 것.

안 좋은 상황 속에서 좋은 점을 발견하는 것.

하얀 늑대와 검은 늑대

인디언 마을에 지혜로운 추장이 있었습니다.
추장님은 어린아이들을 무릎에 앉혀 놓고
이야기를 들려주곤 했습니다.

"얘들아, 우리 마음속에는 선한 늑대와 악한 늑대
두 마리가 살고 있는데 두 마리는 항상 서로 싸운단다.
악한 늑대가 가지고 있는 마음은 화를 잘 내고,
슬퍼하고, 짜증 내고, 욕심내고, 남과 비교하고,
늘 싸우기를 좋아하고, 용서할 줄 모르며,
혼자만 생각하는 이기심이란다.
반면, 선한 늑대가 가지고 있는 마음은 기쁨, 사랑,
인내심, 배려, 친절, 진실함, 겸손, 동정심, 용기,
그리고 믿음이지. 두 늑대가 서로 싸움을 한다면
누가 이기겠느냐?"

아이들은 한참을 생각하더니 대답했습니다.
"그야 힘센 쪽이 이기겠죠? 그런데 어느 쪽이
힘이 더 센가요?"

골똘히 고민하는 아이들이 대견했는지
추장님은 빙그레 웃으며 대답하셨습니다.
"먹이를 주는 늑대가 이긴단다!
어느 늑대에게 먹이를 줄 거니?"

여러분은 어느 늑대를 선택하실 건가요?
긍정과 부정, 우리의 선택에 달려 있습니다.

🌸 긍정과 관련된 명언

1. 비관론자는 모든 기회에서 어려움을 찾아내고, 낙관론자는 모든 어려움에서 기회를 찾아낸다.
   – 윈스턴 처칠(영국의 총리, 2차 세계 대전에서 히틀러가 이끄는 독일군을 막은 영웅)

2. 인생은 될 대로 되는 것이 아니라 생각대로 되는 것이다. 자신이 어떤 마음을 먹느냐에 따라 모든 것이 결정된다. 사람은 생각하는 대로 산다.
   – 조엘 오스틴(《긍정의 힘》 저자)

3. 우리는 우리가 행복해지려고 마음먹은 만큼 행복해질 수 있다. 우리를 행복하게 만드는 것은 우리를 둘러싼 환경이나 조건이 아니라, 늘 긍정적으로 세상을 바라보며 아주 작은 것에서부터 행복을 찾아내는 우리 자신의 생각이다. 행복해지고 싶으면 행복하다고 생각하라.
   – 에이브러햄 링컨(미국의 제16대 대통령)

4. 긍정적인 마음가짐은 영혼을 살찌우는 보약이다. 이러한 마음가짐은 우리에게 부, 성공, 즐거움과 건강을 가져다준다. 반대로 부정적인 마음가짐은 영혼의 질병이며 쓰레기다. 이는 부, 성공, 즐거움과 건강을 밀어내고 심지어 인생의 모든 것을 앗아 간다.

   – 나폴레온 힐(미국의 유명 작가)

Step3 마음의 근육 키우기 ⑫
이리저리 따져 보고 깊이 생각해 보는 힘 사고력

왜 그럴까? 아하, 그렇구나!

활용1 **사고력**을 갖추면 논리적으로 말하게 돼요.
활용2 책을 많이 읽으면 **사고력**이 발달해요.

차분히 앉아서 편안한 마음으로
생각에 빠지는 힘.

나는 수학 문제를 맞게 풀었다고 생각했는데
정답이 아닐 때,
왜 틀렸는지 잘못된 부분이 무엇인지 고민하는 힘.

책을 읽고 나서 그냥 덮는 것이 아니라,
'내가 주인공이라면?'이라고 질문을 던지는 것.

내 마음대로 되지 않아서 불만이 생겨도
말하기 전에 잠시 생각해 보는 것.

때론 느림이 필요해

요즘 우리는 매우 빠르게 돌아가는
세상에서 살고 있습니다.
전 세계 여기저기에서 발생한 일들을
실시간으로 접하고 있습니다.
궁금한 것은 검색만 하면 손쉽게 답을 구할 수 있습니다.
유튜브 영상을 편집할 때는 말과 말 사이의
짧은 공백마저 삭제해서 지루함을 줄인다고 합니다.
정말 빠른 세상이지요?

인터넷 검색 대신 종이 사전을 찾아보는 것,
낙엽을 밟고 느릿느릿 걸으며 생각에 잠기는 것,
차분히 앉아서 긴 글을 여유롭게 읽는 것….
이런 모습들은 분주한 현실에서는
답답이 취급을 받지요.

하지만 빠른 것이 무조건 좋은 것은 아닙니다.
요즘 아이들은 영상 위주의 잦은 미디어 노출로
어휘력, 표현력, 언어 능력이 떨어졌다고 합니다.
뇌에서 사고력 같은 고차원적인 기능을 담당하는
전두엽은 미디어의 영향으로 파괴되고
시각적인 자극에 반응하는 후두엽만
조금 발달된다고 합니다.

독서는 사고력을 길러 주는 최고의 방법입니다.
명상은 사고력을 넓혀 주는 지름길입니다.

사고력은 여유로운 느림 속에서 자랍니다.

🌼 사고력을 키우는 방법

1. **깊이 관찰하기**

    일상 속에서 만나는 것들을 새로운 시각에서 바라보는 것이 필요합니다. 그러기 위해서 주변을 자세히 관찰해야 합니다. 무심코 지나쳤던 것들을 호기심을 가지고 바라봐 주세요. 미처 알지 못했던 새로운 사실을 발견할 수 있고, 그때 사고력이 쑥쑥 성장합니다.

2. **'왜?'라고 질문하기**

    평소 당연하게 생각했던 일에 '왜?'라고 질문을 던져 보세요. 그리고 스스로 질문에 대한 답을 찾아 보세요. 정답이 없으니 엉뚱하고 다양한 생각들을 많이 해 보는 거예요.

3. **기록하기**

    떠오르는 생각을 아무런 규칙 없이 자유롭게 적어 보아요. 자신만의 기준을 만들어서 차근차근 기록해도 좋습니다. 기록은 큰 힘을 가지고 있어요. 우리 뇌, 우리 생각에는 용량이 있습니다. 이 용량이 꽉 차면 사고력이 넓어지지 못하겠죠? 붙잡고 있는 생각을 종이에 적으면서 쏟아 내면 용량이 비어지게 되고, 더 다양하고 풍성한 사고를 할 수 있습니다.

Step3 마음의 근육 키우기 ⑬
새로운 것을 생각해 내는 힘 **창의력**

활용1 이 문제는 **창의력**을 발휘해야 풀 수 있어.

활용2 새로운 방법을 생각해 내다니 **창의력**이 뛰어나군.

당연하다고 여기지 않고
더 좋은 방법이 없을지 고민하는 힘.

아무도 생각하지 못했던 생각을 하는 것.

미술 작품을 감상할 때
반대 방향으로 돌려 보며 감상하는 것.

아이스크림을 나눠 먹을 수 있도록
막대기가 2개 꽂아진 아이스크림을 만드는 것.

창의력이 자라나게 도와준 따뜻함

역사적으로 창의적인 인물들이
인류를 이롭게 하는 많은 변화를 만들어 냈습니다.
수많은 발명품과 창의적인 생각들로 말이죠.

1,300개가 넘는 특허에다 전구를 발명한 에디슨.
해시계와 물시계를 만들어 농업을 발전시킨 장영실.

학교에서 별난 학생으로 지적받았던 에디슨에게는
어머니가 있었습니다.
에디슨의 특별함을 믿어 주고 사랑으로 품어 주었습니다.

조선 시대 과학자인 장영실은
천민 신분이라 관직에 오르기가 불가능에 가까웠지만

일찍이 장영실의 재능을 알아본 세종 대왕 덕분에
자신의 재능을 마음껏 펼칠 수 있었습니다.

창의력이라는 씨앗이 자라나기 위해서는
관심이라는 물, 지원이라는 햇살, 따뜻함이라는
사랑이 필요합니다.

🌸 창의력이 발휘되어 우리 삶에 영향을 준 것들

- 빨간불과 초록불 신호의 남은 시간을 숫자나 도형으로 보여 주는 표시 장치는 보행자가 안전하게 횡단보도를 건널 수 있게 도와줘요.

- 킥보드 앞바퀴를 1개에서 2개로 바꾼 뒤로 넘어지는 아이들이 많이 줄어들었어요.

- 키보드 자판 'ㄹ'과 'ㅓ'에 볼록 튀어나온 선이 있어서 키보드를 보지 않고도 손을 자판 위에 맞게 올려놓을 수 있어요.

🌸 창의력에 도움을 주는 활동 3가지

1. 낮잠을 잔다. 낮잠을 자고 나면 두뇌 활동이 활발해진다. 낮잠을 자기 어려운 상황이라면, 쉬는 시간에 눈을 감고 잠시 쉬어 주는 것도 도움이 된다.

2. 손을 많이 움직인다. 손의 근육을 자주 사용하는 것은 뇌 발달에 도움이 된다. 블록을 조립하거나 무언가를 만드는 활동들이 있다.

3. 잔잔한 음악을 튼다. 연구에 따르면, 음악은 감정과 창의력을 다루는 뇌의 부분을 자극한다. 특히 클래식 음악이 창의력을 올리는 데 좋은 음악 장르이다.

Step3 마음의 근육 키우기 ⑭
상황에 따라서 생각을 바꿀 수 있는 힘 융통성

활용1 그 친구는 **융통성**이 없어.
활용2 원칙을 꼭 지키기보다 **융통성**을 발휘해야 할 때가 있어.

확실하다고 생각하는 것을 내려놓고
다른 선택을 할 수 있는 힘.

원리 원칙만 따지지 않고
중요한 가치가 무엇인지 생각해 보는 것.

가방은 스스로 들어야 한다고 생각했지만
다리를 다친 친구를 보고 대신 가방을 들어 주는 것.

엄마는 설거지를, 아빠는 분리수거를 맡고 있지만
피곤한 엄마를 위해 아빠가 설거지도 하는 것.

벽을 돌아가면 어떨까?

인생을 살다 보면 벽을 마주하게 됩니다.
피할 수 없는 벽을 만나는 순간이 반드시 와요.
그 벽은 사람일 수도 있고, 어떤 상황일 수도 있어요.
나를 힘들게 하고 내가 불편해하는 어떠한 것이죠.

융통성이 없는 사람은 한 우물만 파는 사람이에요.
그래서 그 벽과 끝까지 싸워요.
계속해서 벽을 허물려고 노력해요.
그래서 실패를 인정하지 못하고
새로운 도전을 하지 못해요.

융통성이 있는 사람은 달라요.
벽을 돌아갑니다. 시간이 걸릴 수는 있겠지만,

방향을 바꾸고 새로운 길을 찾아요.
그렇게 돌아가는 길목에서
예상치 못했던 행운을 발견하게 됩니다.

벽을 돌아가는 여유를 갖는 삶을 살아갑시다.

🌸 융통성을 발휘해야 하는 상황일까?

1. 신호등이 있는 횡단보도는 저 멀리 있고, 마침 차들이 지나가지 않는다. 조심조심 무단 횡단을 해서 시간을 절약하는 융통성을 발휘해야 할까?

2. 잘못을 저지른 범인을 잡았는데 범인이 내 친한 친구인 경우, 잘못을 못 본 체 넘어가는 융통성을 발휘해야 할까?

3. 피를 흘리며 쓰러진 환자가 병원에 실려 왔다. 그런데 미리 온 사람들이 있어서 대기 순서가 한참 남았다. 내가 의사라면, 원칙대로 순서를 지켜 치료해야 할까?

4. 12세 관람가인 영화가 텔레비전에서 하는데 나는 며칠 뒤면 12세가 된다. 융통성을 발휘해도 될까?

이럴 때 융통성을 발휘해 보면 어떨까?

- 매일 사용하던 포크가 없는데 밥을 먹어야 할 때, 익숙하지 않은 젓가락을 사용하는 융통성 발휘하기.

- 넷이 하는 경기에서 친구 둘이 경기 규칙을 자꾸 어길 때, 경기 규칙 자체를 바꿔서 모두가 규칙을 지킬 수 있게 만들면 어떨까?

- 라면을 끓였는데 국물이 너무 많을 때, 밥을 말아 먹으면 어떨까? 아니면 김치를 넣어서 싱거운 국물 간을 맞추면 어떨까?

- 나뭇잎을 색칠해야 하는데 초록색 크레파스를 다 썼을 때, 갈색으로 색칠해 낙엽을 표현해 보는 것.

- 등굣길에 도움이 필요한 사람을 만났을 때, 지각할 수도 있다고 선생님께 연락드리고 도움의 손길을 내미는 것.

> 포크가 없으니 젓가락을 써야겠다!

Step3 마음의 근육 키우기 ⑮
지구력
오래 버티며 견디는 힘

활용1 오래 앉아서 공부를 하려면 **지구력**이 필요해.
활용2 장거리 달리기는 **지구력**이 중요한 종목이야.

어떤 일을 오랜 시간 동안 계속할 수 있는 능력.

그만두고 싶지만 조금만 더 힘을 내 버티는 것.

공부하려고 책상에 앉았을 때
자꾸 다른 생각이 들지만
꾹 참고 목표한 만큼 공부하는 것.

운동장 10바퀴를 돌겠다고 마음먹었는데
8바퀴에서 숨이 차고 다리가 후들거릴 때,
힘들어서 당장 멈추고 싶지만 계속 뛰는 것.

마음에도 지구력이 필요하다

오래달리기를 잘하는 것은 '몸'의 지구력이 뛰어난 거예요.
줄넘기를 수백 개 하고도 숨이 가쁘지 않는 것은
지구력이 있기 때문이죠.
이렇게 같은 일을 오랜 시간 동안 계속할 수 있는 것은
몸의 지구력이 있기 때문이에요.
지구력이 있으면 대개 운동을 잘한답니다.

몸의 지구력처럼 '마음'에도 지구력이 있어요.
우리의 감정, 생각, 마음에도 얼마나 잘 버티는지
알려 주는 지구력이 있어요.

배가 고파도 내 순서를 기다리는 것.
화가 나고 짜증이 나도 바로 말하지 않고
잠시 생각한 뒤 말하는 것.

선물을 빨리 뜯어보고 싶지만
동생이 올 때까지 뜯지 않는 것.
이미 풀었던 문제여도 선생님이 설명하시면
집중해서 듣는 것.
모두 마음의 지구력이 있어야 가능한 거예요.

인내하기 힘든 순간이 찾아왔다는 것은
목표하는 것이 곧 가까이 왔다는 뜻이에요.
그러니 조금만 더 지구력을 발휘해 보세요.

🌸 이렇게 해 보는 건 어때?

- 생각대로 일이 풀리지 않을 때 3분만 더 노력해 보면 어떨까?

- 엄마의 잔소리가 폭풍처럼 쏟아질 때, 차분히 기다렸다가 말씀이 끝나시면 내 생각을 말해 보면 어떨까?

- 공부를 하고 있는데 휴대폰 진동이 울릴 때, 휴대폰을 바로 확인하지 않고 조금 뒤에 확인하면 어떨까?

🌸 지구력을 키우는 3가지 방법

1. 엘리베이터보다 계단 이용하기. (몸의 지구력)

2. 책을 읽다가 그만 읽고 싶은 지점에서 딱 10줄만 더 읽기.
   (읽기의 지구력)

3. 목표 시간과 목표 횟수를 정하기.
   시간제한이 있거나 목표가 있으면 지구력을 발휘하기가 쉬워진다.

step 4

고강도 마음 운동

집중력 · 노력 · 최선 · 정직 · 용기

Step4 고강도 마음 운동 16

마음이나 생각을 하나로 모을 수 있는 힘 집중력

활용1 지혜는 집중력이 좋아서 불러도 꿈쩍도 하지 않아.

활용2 정해진 시간 안에 문제를 해결하려면 집중력을 높여야 해.

흐트러지는 생각을 하나로 모으는 정신의 힘.

중요하지 않는 것에 연연하기보다
중요한 것을 생각하는 것.

페널티 킥을 차려는데
관중석에서 방해하는 소리가 들려올 때,
신경 쓰지 않고 골 넣는 것에만 몰두하는 것.

피아노 대회를 앞두고
잘할 수 있을까, 실수하진 않을까 걱정이 될 때,
연습한 곡을 생각하며 그 일에만 힘을 쏟는 것.

신경 쓸 것만 신경 쓰기

김연아라는 피겨 스케이팅 선수가 있습니다.
세계 대회에서 우승을 하기도 하고,
올림픽에서 금메달을 따기도 했습니다.
미국 타임지가 선정한 세계에서 가장 영향력 있는
100인에 선정되기도 했습니다.

김연아는 집중력이 뛰어난 선수로 유명합니다.
수천 명의 관중과 수십 대의 카메라가 있는 상황에서도
집중력을 발휘합니다.
좋은 성적을 만들어 내는 비결을 묻는 질문에,
"마지막까지 집중력을 잃지 않았기 때문이에요."라고 답합니다.

집중력이 흐트러지는 순간이 찾아올 때는
앞으로 해야 할 연기에만 집중했다고 말합니다.

무엇보다 이런 집중력은
평소에 반복된 훈련을 통해 높인다고 합니다.

여러분은 주변에 관심이 많나요?
신경 쓰지 않아도 되는 것까지 신경 쓰고 있진 않나요?

중요한 것, 지금 바로 해야 하는 것에
집중해 보세요.

집중력을 높이는 방법

1. 자신에게 맞는 환경을 찾는다. 누군가는 시끌벅적한 소리가 들리는 공간이 집중이 잘될 수 있고, 누군가는 아무 소리도 들리지 않는 조용한 환경이 좋을 수 있다. 다양한 환경에서 집중해 보고 나에게 가장 적합한 환경을 찾아 보자.

2. 주변을 깔끔하게 정리하자. 공부를 하려고 앉았다면 공부와 관련 없는 것들은 다른 곳에 옮겨 놓자. 책상 위에 올려져 있는 물건 중에서 공간을 많이 차지하거나 자꾸 눈이 가는 물건은 과감히 정리하면 좋다. 만약 시계를 자주 쳐다본다면 시계를 치우거나 시계가 보이지 않는 방향에 앉으면 좋다.

3. 계속 다른 생각이 들고 집중이 되지 않는다면 집중하려고 애쓰지 말고 잠시 멈춰서 몸을 움직이는 등 스트레칭을 하거나 물을 마시며 휴식을 취하면 좋다. 방해되는 생각을 끊어 내고 다시 새롭게 시작하면 집중이 더 잘된다.

4. 잠을 충분히 잔다. 잠이 부족하면 뇌에서 받아들인 정보를 처리하는 속도가 느려지고 기억력도 떨어진다. 정해진 시간에 규칙적으로 잠을 충분히 자고 일어나는 것이 집중력에 도움이 된다.

Step4 고강도 마음 운동 ⑰

목표를 이루기 위해 최선을 다하는 힘 노력

활용1 **노력**은 배신하지 않아.

활용2 **노력**하지 않고 무언가를 이룰 순 없어.

목적을 달성하기 위해 몸과 마음을 다해 애쓰는 것.

원하는 것을 얻기 위해 참고 견디는 것.

월드컵 16강 진출에 실패하고
4년 동안 열심히 훈련하며
다음 월드컵을 준비하는 것.

만족하지 않고 끊임없이 연습하는 것.

타고난 재능을 뛰어넘는 힘

우리가 만나는 사람 중에 타고난 재능을 갖춘
사람들이 있습니다.
"저 친구는 어릴 때부터 머리가 좋았대.
기억력이 엄청 좋아. 한 번 보면 다 기억한대."
"옆집 동생은 태어날 때부터 음악적 감각이 남달랐대."
"부모님을 닮아서 키가 크고 다리가 긴 친구와
달리기 시합을 해서 이기는 건 불가능이야."
"쟤는 부모님이 부자라서 과목별로 개인 과외
선생님이 있대."

겨루어 보기도 전에 이미 무언가를 갖추고 있는 사람을
상대하는 건 무척 어려운 일처럼 느껴집니다.

그런데 많은 사람들이 말합니다.

'노력의 천재' '타고난 천재'

"천재는 노력하는 자를 이길 수 없고,
노력하는 자는 즐기는 자를 이길 수 없다."

타고난 천재가 아니라면
노력의 천재를 꿈꿔 보면 어떨까요?

타고난 것은 여러분이 어떻게 할 수 없는 영역이지만,
노력하는 것은 여러분이 선택할 수 있는 영역입니다.

🌱 노력의 천재를 소개합니다

　　서정암 변호사는 어릴 적 아버지가 일찍 돌아가시는 바람에 시골에서 어머니 농사일을 도우며 살았습니다. 집안 형편이 어려워서 겨우 국민학교(지금의 초등학교)를 졸업한 그는 그 길로 서울에 올라가 버스 터미널에서 구두닦이를 시작했습니다. 이때부터 낮에는 일을 하고 밤에는 공부를 하는 생활이 시작되었습니다.

　　그는 구두를 닦을 때 손님이 발을 올려놓는 곳에 영어 단어장을 붙여 놓고 공부를 했습니다. 그런 그를 보고 사람들은, '구두닦이가 그렇게 공부하면 뭐가 달라지나'라는 눈빛으로 바라보았습니다. 그럼에도 그는 단 한 번도 희망을 버린 적이 없었다고 합니다.

　　그렇게 일을 하면서 열심히 공부한 끝에 그는 검정고시를 거쳐 서울대 경제학과에 늦깎이로 입학했습니다. 졸업 후에 사법 고시에 합격하여 판사로 일하다가 지금은 변호사로 일하고 계십니다.

　　'구두닦이 판사'로 잘 알려진 서정암 변호사는 지금도 어린 시절의 어려움을 기억하며, 형편이 어려운 학생들에게 틈틈이 장학금을 전달하고 있습니다.

Step4 고강도 마음 운동 ⑱

최선
가장 좋고 훌륭한 것을 위해 정성을 다하는 힘

 활용1 몸이 아플 땐 푹 자는 게 **최선**이야.

 활용2 **최선**을 다해 뛴 선수들에게 박수를 보냈어.

내가 할 수 있는 것 중에
가장 높은 수준의 힘을 발휘하는 것.

여러 가지 방법 중에 가장 좋은 것.

약속 시간에 늦지 않기 위해
미리 준비하는 것.

상대방을 존중하고
작은 물건도 아끼고 소중히 대하는 것.

최선을 다했다면 후회가 없다

최선이라는 단어의 뜻 중에는
'온 정성과 힘'이라는 뜻이 있습니다.
비슷한 말로 '제일', '으뜸', '최상', '최고'가 있습니다.

여러분은 온 정성과 힘을 다해
무언가를 해 본 적이 있나요?
누군가는 공부에 최선을 다했을 것이고,
누군가는 최선을 다해 사랑했을 것이고,
누군가는 운동을 누구보다 최선을 다해 했을 거예요.

그런데 최선을 다했다고 꼭 좋은 결과가 있어야 할까요?
최선을 다하면 항상 원하는 것을 이룰 수 있을까요?

최선을 다했다고 해서 결과가 꼭 좋은 것만은 아닙니다.
최선을 다해도 실패할 수 있고
최선을 다했는데 이루지 못한 것도 있습니다.

그럼에도 최선을 다해야 합니다.
'이보다 더 잘할 수는 없다.'
'내가 할 수 있는 최선을 다했다.'
라고 할 수 있을 정도로 최선을 다해 보세요.

최선을 다하면 결과가 어떠해도 받아들일 수 있습니다.
결과가 중요한 게 아니라 과정 그 자체가
의미 있게 되거든요.

最 善
가장 최　착할 선

🌸 이럴 때 필요해! 최선을 발휘해야 하는 상황

- 우리 반 대표로 반 대항 달리기 시합에 나갔을 때.

- 일 년에 한 번밖에 없는 시험을 준비할 때.

- 내 결정으로 인해 많은 사람들이 영향을 받을 때.

🌸 최선을 다하기 위한 방법

1. 한 번에 많은 일, 큰일을 하려고 하기보다 조금씩 나눠서 매일 꾸준히 한다.

2. 내가 최선을 다해 이루고 싶은 것을 먼저 이룬 인물의 이야기를 찾아 본다.

3. 최선을 다하지 못했을 때의 결과를 떠올려 본다.

4. 완벽하게 해낸다는 마음보다 처음부터 끝까지 완성해 본다는 마음으로 접근해 본다.

Step4 고강도 마음 운동 ⑲
숨기지 않는 올바른 마음의 힘 **정직**

 정직하고 성실하면 이루지 못할 게 없어.

 아버지는 늘 정직하라고 말씀하셨어.

상대방에게 거짓말을 하지 않는 것.

상대방뿐만 아니라,
내 자신도 속이지 않는 것.

사실을 나밖에 모르지만
숨길 수 있지만
그럼에도 솔직하게 말하는 것.

거스름돈을 더 많이 받았을 때
되돌아가서 돌려드리는 것.

손해 같지만 가장 행복한 선택

"하루만 행복하려면 이발소에 가라!
일주일만 행복하려면 차를 사라!
한 달을 행복하려면 결혼을 해라!
일 년을 행복하려면 집을 사라!
평생을 행복하고 싶다면 ○○하게 살아라!"

위에 들어갈 단어는 무엇일까요?
바로 '정직'입니다.

정직은 우리를 행복하게 해 주는 열쇠입니다.
정직하면 당장에는 손해 보는 것 같습니다.

길을 가다 주운 지갑을
주인에게 찾아 주지 않고 내가 갖는다면?
공부를 잘하는 친구의 답안지를 몰래 본다면?

당장에는 좋습니다.
그러니 정직하면 손해 보는 것 같다는
생각도 하게 되는 거지요.
하지만 내 양심이 다 기억하고 있습니다.

눈앞에 놓인 달콤한 유혹에 넘어가
평생 행복을 놓치지 마세요.

🌸 이럴 때 필요해! 정직을 발휘해야 하는 상황

- 내가 잘못해서 비난받을 수 있는 상황일 때, 내가 아니라고 발뺌할 수 있어도 솔직하게 인정하기.

- 틀린 문제인데 맞았다고 잘못 채점되었을 때, 선생님께 정직하게 말씀드리기.

- 칭찬받고 싶은 마음에 못 하는 것을 할 수 있다고 거짓말하지 않기.

- 갖고 싶은 물건이 떨어져 있는데 아무도 보고 있지 않을 때, 물건보다 값진 '정직'이라는 가치 선택하기.

🌸 정직과 관련된 명언

1. 행복을 오래가게 만드는 것은 정직이다.

2. 정직보다 큰 재산은 없다.

3. 정직이 마음의 문을 지키면 후회가 들어서지 못한다.

4. 정직함은 지혜라는 책의 첫 번째 장이다.

Step4 고강도 마음 운동 20

겁내지 않고 씩씩하게 말하고 행동하는 힘 **용기**

활용1 한 사람의 용기 있는 행동이 많은 사람에게 힘이 되었어.
활용2 내가 힘들 때 용기를 북돋아 줘서 고마워.

부끄럽지만 당당하게 내 생각을 말하는 것.

나보다 힘이 센 사람, 나이가 많은 사람에게도
잘못된 것은 잘못되었다고 말할 수 있는 힘.

친해지고 싶은 친구에게 먼저 말을 거는 것.

사과하고 싶지 않지만
먼저 사과의 말을 건네는 것.

작은 주먹으로 이룰 수 있는 것

지하철 선로에 넘어진 사람을 구하려고
지하철에 뛰어 들어간 용기 있는 청년이 있습니다.
나라의 독립을 위해 목숨을 걸고 임무를 수행한
독립운동가도 있습니다.
힘이 세고 강한 상대를 꼼짝 못 하게
제압하는 사람도 있습니다.

위대하고 큰 일이 용기 있는 행동이라고
여겨질 때가 있습니다.
그러나 용기는 작은 것에서 시작됩니다.
친구를 무시하는 사람을 본다면,
"그렇게 말하는 것은 옳지 않아요. 무시하지 마세요!"
라고 말할 수 있는 것.

나보다 힘이 세거나 나이가 많은 사람에게도
잘못되었다고 말할 수 있는 힘.
사과하고 싶지 않지만 먼저 사과의 말을 건네는 것.

모두 용기가 필요한 일들입니다.

여러분이 일상 속에서 실천할 수 있는
작은 용기를 보여 주세요.
작은 용기가 큰 용기를 불러옵니다.

🌼 이럴 때 필요해! 용기를 발휘해야 하는 상황

- 친구가 놀림을 받거나 폭력을 당하고 있을 때,
  "얘들아, 하지 마! 무슨 일인지 모르겠지만 멈춰. 차분히 이야기해 보자!"

- 큰 개가 지나가는데 동물을 무서워하는 동생이 떨고 있을 때, 동생의 손을 꼭 잡아 주는 것.

- 예방 접종 주사를 맞으러 갔을 때, 씩씩하게 주사를 맞고 오는 것.

🌼 용기와 관련된 명언

1. 삶은 사람의 용기에 비례하여 넓어지거나 줄어든다.
   – 아나이스 닌(프랑스의 소설가)

2. 용기란 두려움을 없애는 것이 아니다. 두려움을 맞서고 저항하는 것이다.
   – 마크 트웨인(미국의 소설가)

3. 꿈을 이루고자 하는 용기만 있다면 모든 꿈을 이룰 수 있다.
   – 월트 디즈니(미국의 세계적인 만화 영화 제작자)

step 5

숲 고르기

공감 • 사회성 • 상상력 • 도전 • 자존감

Step5 숨 고르기 21
다른 사람의 마음을 똑같이 느끼는 힘 공감

 활용1 반장의 말에 많은 친구들이 **공감**했어.

 활용2 내 말에 **공감**해 줘서 마음이 한결 편해졌어.

상대방이 말하는 것을
충분히 이해할 수 있는 마음의 힘.

"너의 상황을 잘 알겠어. 네 기분을 이해해."라고
말해 줄 수 있는 것.

자주 보던 친구의 마음을 저절로 읽게 되는 것.
'속상했겠네. 내가 위로해 줘야지.'

"우아! 나도 그렇게 생각했어!"라며
신기해서 손뼉을 치며 놀라는 것.

서로를 지탱하는 힘, 공감

예전에는 동네가 한 가족이었습니다.
옆집, 이웃집, 윗집, 아랫집이 모두
한 가족처럼 지냈습니다.
우리 집 그릇이 옆집에 있고, 쌀이 필요하면
이웃집에서 빌려오곤 했죠.
대문을 꽉 걸어 잠그지도 않았습니다.
서로 함께 살아가는 맛이 있었습니다.

요즘은 누가 이웃인지 잘 모르는 경우가 많습니다.
엘리베이터에서 만난 이웃에게 인사하지 않아도
괜찮다는 분위기입니다.

다른 사람의 아픔은 다른 사람의 몫이고
나의 아픔은 내가 감당하겠다는 사회가 되었습니다.

물론 이해는 됩니다. 다른 사람의 마음에
공감해 주는 것은 어려운 일이니까요.
그만큼 내 감정을 쏟아야 하죠.

우리는 공감해 주는 사람이
부족한 시대를 살고 있습니다.
하지만 공감받길 원하는 사람이
그만큼 더 많아진 시대이기도 합니다.

오늘은 조금만 힘내서 가족을, 이웃을, 친구를
내가 먼저 공감해 주면 어떨까요?

이웃사촌

🌸 이럴 때 필요해! 공감을 발휘해야 하는 상황

- 친구가 수영 대회에서 메달을 따고 기뻐할 때,
  기뻐할 친구의 마음을 짐작하며 나도 함께 기쁜 마음을 갖기.

- 넘어져서 무릎에 피가 나는 친구를 보고
  진짜 내가 다친 것처럼 아픔을 나누기.

- 어깨가 처지고 기운이 없는 친구의 이야기를 들으며
  마음을 다해 손잡아 주기.

🌸 대화를 할 때 공감을 하는 방법

1. 눈을 마주치고 대화한다. 눈을 마주치기만 해도 상대방은 자신에게 집중하고 있다고 느낀다.

2. "응." "그래." "그렇지." "맞아." 하며 맞장구를 친다.

3. 상대방의 말에 고개를 끄덕인다. 때론 공감한다는 말보다 몸으로 표현해 주는 것이 효과적일 때가 있다.

Step5 숨 고르기 22

여러 사람들과 어울려서 잘 지내는 힘 **사회성**

활용1 내 친구는 **사회성**이 좋아서 친구를 금방 사귀어요.

활용2 학교에 가면 단체 생활을 하니 **사회성**이 길러져요.

혼자 있을 때도 좋지만
함께 어울려 노는 즐거움도 있다는 것을 아는 것.

놀이터에서 친구들과 놀고 있는데
혼자 심심해하는 이웃 동생을 보고
같이 놀자고 말하는 것.

동네에서 옆집 아주머니를 만났을 때,
"안녕하세요!"라고 웃으며 인사하는 것.

표정이 좋지 않은 친구에게
"무슨 일 있어? 내가 도와줄까?"라고 묻는 것.

더불어 살아가는 세상

메타세쿼이아 나무를 아시나요?
한 줄로 길게 늘어진 메타세쿼이아 길을 걷다 보면
동화 속 세상에 온 듯합니다.

메타세쿼이아 나무의 뜻을 살펴보면
'세쿼이아 이전의 나무'라는 뜻입니다.
원래 공룡이 살던 시대에 지구상에 널리 퍼져 자라던
나무였던 것입니다.

오래전부터 존재했던 이 나무는
지금은 가로수 길에서도 볼 수 있고
아파트 주변에서도 볼 수 있습니다.
메타세쿼이아 길은 관광지로도 유명해졌습니다.
이렇게 우리에게 익숙한 존재가 되었습니다.

비결이 무엇일까요?
바로 메타세쿼이아의 뿌리입니다.
이 나무는 뿌리가 2~3미터쯤 파고 들어가는 동안
옆으로 20~30미터까지 뻗어 나갑니다.
깊이를 열 배나 확보하는 것이죠.
뿌리는 옆에 있는 나무들과 얽히고 설키면서
더 튼튼해지는 것입니다.

함께 어울려 살아야 합니다.
그것이 오래, 강하게 사는
비결입니다.

🌸 이럴 때 필요해! 사회성을 발휘해야 하는 상황

- 추운 겨울 아침, 등교하는 길에 아파트 도로의 눈을 쓸고 계시는 경비 아저씨를 마주했을 때,
"아저씨, 미끄러지지 않게 쓸어 주셔서 감사합니다."

- 학용품을 깜빡하고 챙겨 오지 못한 친구를 발견했을 때,
"나 하나 더 있으니까 내 거 빌려줄게."

- 양손 가득 많은 짐을 들고 가는 사람이 물건 하나를 떨어뜨렸을 때,
"저기 앞까지 들어 드릴게요."

🌸 사회성을 기르는 데 도움이 되는 활동

1. 하루 동안 만나는 사람 5명에게 먼저 인사를 건네 본다.

2. 서먹한 친구가 있다면 보드게임을 하면서 함께 시간을 보낸다.

3. 같이 땀 흘리며 운동하면서 친해져 본다.

4. 사회성과 관련된 책을 읽는다.

5. 한 가지 주제로만 길게 이야기를 나눠 본다.

Step5 숨 고르기 23

마음의 눈으로 보이지 않는 것을 떠올리는 힘 # 상상력

활용1 책은 **상상력**이 풍부해지도록 도와준다.
활용2 이 책은 작가의 **상상력**으로 만들어진 작품이야.

실제로 경험해 본 것처럼 생생하게
마음속으로 그려 보는 힘.

지금 거울에 보이는 나를 보며
미래에 꿈을 이룬 내 모습을 떠올리는 것.

부모님이 초등학생이라면
어떤 모습일지 떠올려 보는 것.

미래에는 학교와 교실이
어떤 모습으로 바뀌어 있을지 생각해 보는 것.

말하는 대로, 꿈꾸는 대로

스티븐 스필버그는 유명한 영화 감독입니다.
〈쥬라기 공원〉, 〈마이너리티 리포트〉, 〈스타워즈〉 등
전 세계적으로 흥행했던 영화를 만들었습니다.

그의 작품은 상상력을 바탕으로 만들어졌습니다.
가상을 실제처럼, 상상을 현실처럼 느끼도록 만듭니다.
스필버그는 "영화는 상상이다."라고 말합니다.

상상력의 거인인 그는
초등학교 시절 난독증이 있어서 책을 잘 읽지 못했고,
유대인 혈통이라는 점 때문에
학교에서 따돌림을 받았습니다.
그래서 학교에 관심이 없었습니다.

대신 스필버그는 영화를 보고
이야기와 장면을 상상하는 것에 빠졌습니다.
이런 끊임없는 상상력 훈련이
훗날 영화 제작의 밑거름이 되었던 것입니다.

우리도 스필버그처럼 상상의 세계에 빠져 볼까요?

여러분의 상상력을 마음껏 펼쳐 보세요

1. 물고기처럼 물속에서 숨을 쉴 수 있고 헤엄칠 수 있는 능력이 생겼습니다. 바닷속에서 펼쳐질 일들을 적어 보세요.

2. 사람을 도와주는 똑똑한 로봇이 생겼습니다. 가장 먼저 어떤 일을 시키고 싶나요?

3. 알라딘의 요술 램프가 여러분 손에 들어왔습니다. 3가지 소원을 적어 보세요.

Step5 숨 고르기 24

이루기 어려운 것을 용기 있게 시도하는 힘 # 도전

활용1 "너의 도전을 받아 주겠어."
활용2 이번 도전은 도전했다는 자체로 큰 의미가 있다.

해내기 어렵지만 숨을 크게 들이마시면서
"그래 해 보자."라고 힘차게 외치는 것.

채소 반찬을 싫어하지만
한번 먹어 볼까 하고 생각을 바꿔 보는 것.

실패할 것을 생각하지 않고
일단 시도해 보는 것.

실패를 하고 얻은 경험으로
다시 행동해 보는 것.

실패에 굴하지 않는 도전

링컨은 미국의 제16대 대통령입니다.
가난한 농부의 아들로 태어난 링컨은
가정 형편이 좋지 않았지만 책 읽기를 좋아했습니다.
법률 공부를 열심히 하여 변호사가 되었고
미국의 대통령이 되었습니다.
여기까지만 보면 멋지고 순조로운 삶이 펼쳐진 것 같죠?

하지만 링컨의 삶은 순탄치 않았습니다.
그는 수많은 실패를 했습니다.
선거에 나갈 때마다 낙선을 했거든요.
부끄럽지 않았을까요? 힘들지 않았을까요?
30여 년 동안 실패만 했으니까요.

7세: 집을 잃고 길거리로 쫓겨남
22세: 사업 실패
9세: 어머니를 여읨
23세: 주 의회 의원 선거 낙선

24세: 다시 사업 실패
27세: 신경 쇠약에 걸림
31세: 선거 위원 선거 낙선
39세: 하원 의원 선거 낙선
48세: 부통령 선거 낙선
52세: 대통령 당선

26세: 약혼자와 사별
29세: 하원 의장 선거 낙선
34세: 하원 의원 선거 낙선
46세: 상원 의원 선거 낙선
50세: 상원 의원 선거 낙선

링컨은 계속되는 낙선에도 포기하지 않았습니다.
실패를 밥 먹듯이 했지만 도전도 밥 먹듯이 했거든요.
1860년 11월 6일, 마침내 16대 미국 대통령이 되었고,
노예 해방을 선언하는 등 자유와 평등,
민주주의를 위해 헌신했습니다.
시간이 흐른 지금도 많은 사람들 사이에서
존경하는 대통령으로 링컨을 언급합니다.

실패를 딛고 도전했기에
지금의 링컨이 있는 것이 아닐까요?
여러분의 도전을 응원합니다!

🌸 이럴 때 필요해! 도전을 발휘해야 하는 상황

- 남들이 "넌 할 수 없어."라고 말할 때.

- 꼭 이루고 싶은 새로운 목표가 생겼을 때.

- 고쳐야 할 습관을 지니고 있는 나에게 변화가 필요할 때.

🌸 도전과 관련된 명언

1. 가장 큰 위험은 위험 없는 삶이다.
   – 스티븐 코비(유명 작가이자 경영 전문가)

2. 세상의 중요한 업적 중 대부분은, 희망이 보이지 않는 상황에서도 끊임없이 도전한 사람들이 이룬 것이다.
   – 데일 카네기(유명 작가이자 강사)

3. 할 수 없을 것 같은 일을 하라. 실패하라. 그리고 다시 도전하라.
   – 오프라 윈프리('오프라 윈프리 쇼'의 진행자)

Step5 숨 고르기 25

자기 스스로를 사랑하고 존중하는 힘 **자존감**

활용1 부모님의 사랑을 많이 받은 아이는 **자존감**이 높다.

활용2 **자존감**을 높이기 위해 명상을 하면 좋아.

나를 소중히 여기고
내 마음의 소리에 귀 기울이는 것.

실수한 나 자신에게
'괜찮아. 그래도 수고했어.'라고 다독여 주는 것.

누군가의 비난을 받아도
많은 사람들에게 받았던 사랑을 기억하는 것.

남과 비교하지 않고
나를 있는 그대로 받아들이는 것.

나를 지켜 주는 힘

자존감이 왜 중요할까요?
자존감은 우리의 말, 행동, 판단, 선택, 감정 등
우리의 모든 것에 영향을 미치기 때문입니다.

자존감은 정신 건강의 기준입니다.
자신이 불행하다고 생각하는 사람, 우울한 사람,
친구 관계가 어려운 사람은
모두 자존감이 낮은 것과 관련이 있습니다.

반면, 자존감이 높은 사람은 자신감이 있습니다.
당당한 말투를 가지고 있습니다.
열정적으로 하루를 살아갑니다.
다른 사람의 비난으로 무너지지 않습니다.
자기 자신을 사랑하는 마음이 힘이 되어 주기 때문입니다.

자존감은 상대방이 만들어 주는 것이 아닙니다.
나 스스로가 만들어 가야 합니다.

오늘은 나를 좀 더 사랑해 보면 어떨까요?
나에게 조그만 선물을 줘도 좋습니다.
좋아하는 음악을 실컷 들어도 좋겠습니다.

🌸 자존감을 키우는 5가지 활동

1. **완벽함을 내려놓기**
   자기 자신에게 너무 높은 기준을 내세우지 말고
   나 자신에게 여유를 선물하기.

2. **취미를 하나 가져 보기**
   수영, 그림 그리기, 영상 제작, 요리하기 등
   좋아하는 것을 열심히 해 보기.

3. **다른 사람에게 잘 보이려는 태도 버리기**
   싫은 소리를 들었다고 해서 자책하거나
   의기소침해 있지 말고 씩씩하게 마음먹기.

4. **비교하지 않기**
   다른 사람과 나를 비교하는 순간 나의 부족한 점이
   보일 수밖에 없다. 그것에 집착하면 가지고 있는 장점마저
   사라지게 된다. 절대 비교하지 않기.

5. **작은 목표를 세우고 자주 성취감을 느끼기**
   무언가를 해냈다는 성취감은 자기 자신에게 말할 수 없는 기쁨을 준다.